27
L_n 12416

ÉLOGE

DE LESAGE.

DISCOURS

QUI A OBTENU LA PREMIÈRE MENTION HONORABLE,

AU JUGEMENT

DE L'ACADÉMIE FRANÇAISE,

LE 15 AOUT 1822.

Duplex libelli laus est cùm risum movet
et cùm prudenti vitam consilio monet.

PARIS,

C. J. TROUVÉ, IMPRIMEUR-LIBRAIRE,

RUE NEUVE-SAINT-AUGUSTIN, N° 17.

ET SE TROUVE CHEZ LES LIBRAIRES DU PALAIS-ROYAL.

—

1822.

ÉLOGE

DE LESAGE.

Tandis que les années en s'accumulant détrui-
sent incessamment quelques célébrités littéraires,
et laissent arriver à la postérité un si petit nom-
bre des ouvrages entrepris pour elle, il est, au
contraire, des écrivains dont la réputation semble grandir avec le temps, et qui, moins van-
tés par la fragile admiration des contemporains,
semblent avoir légué le soin de les juger au siècle
qui doit les suivre.

Si vous considérez les auteurs qui, loin de rien
perdre en traversant les âges, sortent plus honorés et plus brillans de cette épuration mortelle
à tant de renommées, vous reconnaîtrez que ce
sont surtout ceux qui ont pris l'homme pour sujet de leurs méditations ou de leurs tableaux, et
qui, le plaçant au milieu de ce que nous appe-
lons le monde, dans ce tourbillon de petits intérêts, d'ambitions vaines, de frivoles distinc-

tions, de prétentions puériles, nous montrent gaîment ses travers et ses folies.

Il semblerait en effet que les contemporains croient avoir fait assez pour un tel écrivain que de s'être offerts à ses pinceaux, et que, tout en reconnaissant la fidélité de l'imitation, ils ne trouvent pas convenable de la payer avec de la gloire : mais le siècle qui suit est moins injuste; les ouvrages de l'esprit arrivent devant lui éloignés des circonstances qui les ont fait naître, dépouillés des préventions qui les ont soutenus, isolés des passions qui les ont couronnés; alors seulement demeure fixée la distribution des rangs, et nous y réservons une place honorable à ceux qui nous ont laissé d'amusantes instructions et d'aimables conseils.

Notre siècle, riche du passé, héritier de deux âges de gloire littéraire, n'a pas manqué à cette juste répartition de son estime, et, tandis qu'il récompense par l'admiration les nobles travaux de l'historien, les grands efforts de l'orateur, les sublimes créations du poëte, les profondes méditations du philosophe, les graves combinaisons du publiciste, c'est aux peintres des mœurs, aux observateurs de l'homme, aux *écrivains d'une morale enjoüée* *, que le ramène sans cesse un sentiment éclairé de prédilection.

---

* L'expression est de Lesage

Molière, qui semble avoir surpris tous les secrets et reçu toutes les confidences du cœur humain, dont les ouvrages sont comme des archives, où restent gravés, avec les ridicules passagers de son temps, les immortels travers de l'esprit, est pour nous ce que le regard prévoyant de Boileau l'avait jugé, le plus grand homme du grand siècle.

Nous aimons à parcourir avec La Bruyère cette nombreuse galerie de portraits dont de maladroits interprètes, sacrifiant sa gloire aux intérêts de la malignité, n'ont pu cependant borner la ressemblance, et qui, tracés d'une main habile, semblent attendre que le génie les anime, les groupe, les réunisse, pour en former de vastes tableaux.

Enfin, auprès de l'auteur du Misanthrope et du peintre ingénieux des Caractères, nous avons placé un écrivain qui a su s'approcher du premier plus peut-être qu'aucun de ses imitateurs dans le genre même où il est resté sans égal, et qui, portant dans un genre différent, usurpé jusqu'à lui par le mauvais goût ou par la frivolité, la même justesse d'observation, le même art du ridicule, donna au roman cette importance de morale et de philosophie dont Molière avait trouvé la comédie capable. Placé dans des temps moins favorables, obligé de conquérir une admiration déjà occupée et comme épuisée par tant de chefs-d'œuvre, Lesage eut à se plaindre de son siècle. En vain, en publiant Gil Blas, avertissait-il ses lecteurs de ne pas s'arrêter à ce qu'il y avait de frivole dans ses sujets, et de fouiller jusqu'au trésor qui s'y trouvait caché ; ses lecteurs s'amusaient des aventures, soupçonnaient peu la morale, négligeaient les leçons, et ne s'occupaient point de payer à l'auteur le tribut d'estime qu'ils lui devaient. Bientôt de nouvelles idées remplissent les esprits ; les hommes éloquens s'en emparent ; l'un d'eux, qui impose à son siècle ses opinions et le rend trop souvent complice de ses ressentimens, veut réduire Lesage au faible mérite d'une facile imitation [*]; et nos voisins, qui plus d'une fois nous ont avertis de nos richesses, ont depuis long-temps placé Gil Blas au premier rang des ouvrages qu'ils nous empruntent pour les admirer, quand l'Académie française, à qui toutes les illustrations littéraires appartiennent, appelle dans son sein la mémoire d'un grand écrivain qui lui a manqué, et confie à nos faibles efforts cette tardive et insuffisante réparation.

Peut-être ne demanderions-nous pas inutilement le motif et l'excuse de cette indifférence

---

[*] Voltaire, *Siècle de Louis XIV*. Lesage l'avait offensé.

pour Lesage à l'histoire de l'époque où parurent ses écrits. Ils étaient passés ces jours de gloire, de fêtes et de bonheur, où les lettres et les arts croissaient à l'envi auprès d'un trône devant lequel s'inclinait ou contre qui s'armait vainement l'Europe, où le roi de France, après avoir soutenu l'honneur de sa couronne contre l'Espagne, fait respecter dans Rome le nom français, conquis en quelques mois des provinces et des états, revenoit entre Colbert et Turenne, se corriger aux vers de Britannicus, protéger le peintre des hypocrites contre la redoutable inimitié de ses modèles, ou chercher le génie jusques dans les pays étrangers, pour le naturaliser en quelque sorte par ses bienfaits. Les embarras de la guerre avaient succédé aux joies de la victoire; les finances dévorées par tant de pompes et de libéralités manquaient aux besoins de la défense. Le vainqueur, qui, dans les enivremens du triomphe, n'avait pas prévu l'inévitable désertion de la fortune, voyait s'élever contre lui toutes les puissances dont il avait humilié l'orgueil plus qu'abattu les forces : les hommes qui savent toujours dans les momens du péril comment on aurait pu l'éviter, blâmaient avec raison des imprévoyances qu'ils avaient eu le tort de partager : partout il fallait repousser des ennemis, inventer des ressources; et les lettres, effrayées alors par le bruit des combats qu'elles avaient peut-être trop célébrés, n'obtenaient plus du Prince cette protection, qui en les animant autrefois, avait associé son nom à leurs succès.

Alors aussi les grands écrivains qui avaient embelli et chanté les victoires ne brillaient plus. Molière était mort dans toute la force de l'âge et du talent, quand à peine il avait accoutumé la France à son génie, et avant d'avoir pu placer le portrait du courtisan à côté de celui du Tartufe. Le poëte harmonieux qui sut le mieux parler le langage des passions, par une de ces faiblesses qui rattachent les grands hommes à la terre et font sourire l'envie, avait perdu ses dernières années dans un silence opiniâtre. La Fontaine avait vu s'écouler ses jours, laissant dans les amusemens de sa paresse des titres à l'immortalité qu'il ne cherchait pas. Bossuet avait consumé dans de vaines et affligeantes disputes les restes de cette ardeur éloquente qui ne devait plus louer personne après le Grand-Condé. Fénélon n'existait plus que pour son troupeau, et terminait par de bonnes actions une vie qu'il ne croyait pas suffisamment remplie par la gloire du talent. Le sévère Boileau survivait seul, et regardait d'un air mécontent ces célébrités naissantes, que ses souvenirs comparaient aux grands hommes dont il avait été l'ami, le guide et le censeur.

Regnard, remplaçant par une gaîté vive et légère l'observation des mœurs et la connaissance du cœur humain, ne voyait personne dans l'immense intervalle qui le sépare de Molière. Dancourt et Dufresny surprenaient quelquefois de piquans détails, de légères nuances, des ridicules secondaires, et reculaient au moins le temps où les savans efforts d'un art nouveau devaient introduire l'ennui sur la scène. Crébillon, par la hardiesse de ses conceptions, remuait fortement l'âme des spectateurs; mais l'aspérité de son style effarouchait l'oreille de l'ami de Racine. Fontenelle, après avoir demandé en vain un succès à la poésie, avait enfin trouvé son talent, et popularisait la philosophie en la parant d'un style élégant et gracieux. Lamothe, annonçant la prétention de réformer les croyances littéraires et de secouer les règles que tant de génies venaient de consacrer par leur obéissance, essayait de se faire à force de bruit une renommée qui devait à peine lui survivre. Voltaire n'avait pas encore ouvert ce nouveau siècle qui devait enrichir notre littérature par de beaux ouvrages et féconder notre histoire par d'étranges événemens.....

Un roi, qui voyait tristement s'écrouler cet édifice de gloire et de puissance si subitement élevé, qui croyait avoir perdu son bonheur avec

sa jeunesse ; un esprit de censure et de mutine-
rie, contenu encore bien plus par la vieille autorité du grand Roi que par ce respect généreux
qui s'attache trop rarement au malheur ; des discussions de théologie occupant les pensées et
réclamant la médiation du monarque qui avait
long-temps présidé aux destins de l'Europe ; une
cour forcée par cette habitude d'imitation qui
la soumet aux idées du Prince d'affecter le rigo-
risme religieux dans un moment où le relâche-
ment du pouvoir et la marche irrésistible des
mœurs l'entraînaient à la licence ; tout cela pro-
duisait un état de gêne, de tristesse et de dé-
couragement peu favorable aux productions du
génie.

C'est à cette époque que Lesage, après avoir
étudié les anciens modèles et contemplé les nou-
veaux, voulut aussi chercher une place dans cette
république des lettres que notre France avait vu
si récemment créer et si promptement remplir.

Les premiers essais de son talent trahissent
assez l'incertitude de l'écrivain qui, avec la conscience de ses forces, trouvant tous les rangs
occupés par des chefs-d'œuvre, n'ose se livrer à
une ambitieuse rivalité et dédaigne une imitation
servile.

La littérature espagnole, où Corneille avait
puisé ses premières inspirations, où Molière auss

avait cherché d'inutiles et de dangereux secours, égara quelque temps Lesage, et celui qui devait trouver un jour ses succès dans le naturel et dans la vérité commença par en demander à l'exagération et au merveilleux. Mais Molière avait formé le goût de son pays, et, instruit par un premier revers dont l'orgueil eût dédaigné la leçon, Lesage ne tarda pas à s'apercevoir que les simples événemens de la vie humaine, les rapports des hommes entre eux, les petites passions qui vivifient et troublent souvent la société, lui offraient une source féconde d'observations et de sujets.

Il est des ridicules de rebut, des moyens de comique usés, des professions même tout entières vouées depuis long-temps à la risée publique, qui, présentés chaque jour sur le théâtre par les auteurs vulgaires, mêlent un air de monotonie à la fécondité dont se vante notre scène. Ce n'est pas ainsi qu'en ont agi les maîtres de notre comédie ; c'est contre les vices puissans, contre les ridicules privilégiés, qu'ils ont dirigé leurs traits. C'était la fatuité des marquis que notre grand comique représentait devant la cour de Louis XIV ; c'était aux faux dévots qu'il arrachait le masque imposant de la Religion : le crédit des courtisans, les cabales des coteries, les ressentimens de l'hypocrisie découverte, voilà ce que Molière osait braver. Lesage choisit pour le but de ses premiers efforts une puissance non moins redoutable, entourée peut-être de plus d'appuis, celle de la Richesse.

Il existait alors des hommes autorisés à pressurer le peuple sans profit pour le prince, heureux surtout des malheurs publics, où ils vendaient chèrement leurs secours, toujours menacés pendant la paix, toujours recherchés pendant la guerre, objets long-temps des mépris de la cour, tant que la gloire militaire borna son ambition, et que l'illustration de la naissance put suffire à son orgueil. Mais ce mépris avait diminué; le besoin faisait fléchir la vanité; déjà on desire leurs alliances; bientôt ce que notre publiciste regarde * comme le dernier malheur d'un empire, cette profession va être honorée. La justice, il est vrai, se prépare à leur demander compte de ces immenses fortunes bâties avec les débris de la fortune publique; mais quelque chose de plus triste encore que la misère générale et que leur coupable opulence va réaliser les prédictions de Sully; la justice se laissera corrompre **, et les profits du crime en paieront l'impunité. C'est alors que la Comédie, devan-

---

* Montesquieu, *Esprit des Lois*, liv. XIII, chap. 20.
** Voyez l'*Histoire de France* pendant le dix-huitième siècle, liv. II.

çant les efforts du magistrat et inaccessible à
la corruption qui l'attend, s'empare de ce qui
est soumis à sa juridiction, traduit sur le théâtre
les habitudes de la bassesse portées au milieu
de l'opulence, la richesse isolée du goût et de
la politesse, l'ignorance de cet art ingénieux qui
sait trouver le pardon du bonheur dans l'usage
noble et délicat que l'on en fait, ce flétrissant
hommage offert à la beauté par la fortune qui
achète à grands frais le privilége d'être trompée;
et la gaîté seule aura dressé un sanglant acte
d'accusation contre ces hommes que leur scan-
daleuse impunité n'a pas absous du ridicule.

Une femme qui ruine un financier sans rien
conserver de ses dépouilles; un courtisan qui
prend pour lui toute la honte et tout le fruit de
cette spoliation; une servante croyant sa gloire
intéressée à ce que sa maîtresse profite de son dés-
honneur, au risque de ne pas le partager; un valet
qui sert la friponnerie de son maître, jusqu'à
ce que l'exemple et l'occasion le mettent à même
de s'élever jusqu'à lui en l'imitant; un jeune seigneur qui garde au milieu de la débauche le droit
de flétrir par ses cruelles ironies ceux qu'il a
enrichis par ses vices; la femme du financier
s'échappant de la province où l'a reléguée son
mari; la sœur de Turcaret, la seule qui ne soit
pas sortie de son état, ramenant son frère par

la rude sincérité de ses reproches à la bassesse
de son origine ; tous ces personnages se grou-
pant autour du financier au moment de sa chute
pour l'accabler de leur mépris ou l'avilir par
leur pitié, et de cette ruine s'élevant un Turcaret
futur qui donne par un vol adroit la mesure de
son talent et le présage de sa fortune; tel est le
tableau que Lesage a tracé avec une vivacité de
couleurs, une verve de gaîté, une supériorité
de comique, dont Molière avait paru emporter
avec lui le secret.

Vainqueur ainsi des difficultés de son sujet,
que d'obstacles le séparaient encore du théâtre
où il voulait montrer son ouvrage ! Que d'hommes
intéressés à nourrir la stupide ignorance des financiers, depuis les grands seigneurs qui de-
mandaient leurs filles jusqu'aux petits auteurs
qui venaient s'asseoir à leurs tables ! Que de
vices entretenus par leurs ridicules ! Combien
de courtisans de l'opulence placés autour de
l'homme enrichi, spéculant sur sa sottise, et par-
tageant avec lui les dépouilles du peuple ! Hors
de la société, et parmi ceux mêmes que nos
usages ont faits les juges des écrivains et que la
raison réduirait à être les organes de leur talent,
où trouver une actrice assez étrangère au rôle
qu'il lui offrait pour l'accepter, et ne pas oppo-
ser les intérêts des coulisses aux intérêts de la
scène ?

Contre tous ces obstacles , Lesage trouva un appui où son maître dans l'art de la comédie avait cherché le sien , dans cette autorité protectrice que les auteurs ont pu louer au-delà d'une sévère justice , mais non pas au-delà de leur reconnaissance , et le fils du Prince qui avait ouvert la scène au Tartufe y fit monter Turcaret *.

Si parmi les applaudissemens qui l'accueillirent , Lesage en dut quelques-uns à ce sentiment secret de joie et de vengeance qui aime à voir immoler au ridicule les fortunes auxquelles nous ne pouvons atteindre, et les élévations qui nous gênent , combien son talent ne pouvait-il pas en révendiquer sans partage ! Où avait-on vu , depuis Molière , une gaîté aussi soutenue , un dialogue où le plaisant n'est jamais forcé , une satire aussi franche , des surprises aussi habilement ménagées , une succession d'événemens aussi rapides , aussi liés , aussi naturels ? Voilà ce qui reste aujourd'hui à Lesage pour se présenter devant le jugement de la postérité , et maintenant que notre malignité ne saurait plus trouver d'applications, que nous chercherions en vain parmi les opulens de nos jours des fortunes injustement acquises ou maladroitement employées , qu'une politesse exquise fait excuser et aimer toutes les

---

* L'ordre de Monseigneur, daté du 13 octobre 1708, est consigné sur les registres de la Comédie-Française.

élévations, que, grâce aux lumières répandues dans tous les rangs, on devient homme de mérite et quelquefois homme d'État en s'enrichissant, qu'aucun de nos parvenus ne se trouve embarrassé dans sa grandeur, et que la grossièreté des antichambres se perd si vîte dans les salons, les seules ressources du talent de Lesage conservent son ouvrage à notre approbation, et une admiration, pure de tout ressentiment, a placé Turcaret à côté de l'Avare.

Pourquoi faut-il que l'écrivain qui venait dès les premiers pas de sa carrière de s'élever à une pareille hauteur n'ait pu poursuivre ses succès, et qu'un chef-d'œuvre se trouve isolé dans l'histoire de son génie ? Nous le savons ; d'insolentes prétentions éloignèrent de la scène un esprit honnête et fier dont aucune autorité n'avait pu plier l'indépendance, et des hommes enrichis par ses ouvrages ont privé le théâtre et déshérité la littérature des trésors qu'un éclatant début semblait leur promettre. Il est sans doute fâcheux de songer que Molière dut peut-être une partie de son immortalité à ce titre de comédien qui pensa le priver d'un tombeau !

Ne nous en plaignons pas cependant : l'injustice qui exila Lesage du théâtre nous a valu un ouvrage pour lequel il n'eut pas de modèles, qui n'a pas encore d'égaux au moins parmi nous, et, pour compléter la vengeance, les comédiens eux-mêmes ont fourni une des plus brillantes parties de ce chef-d'œuvre.

Ce n'est certainement pas une invention des temps modernes que de prêter à des personnages supposés des aventures imaginaires pour en composer un récit. Tous les siècles, tous les pays ont reconnu le charme des fictions : mais l'objet de ces mensonges, sérieux ou frivole, instructif ou corrupteur, a varié suivant les temset les lieux, et, pour nous renfermer dans notre patrie, nous voyons ces productions, placées à côté de l'histoire, subir constamment les changemens introduits dans les mœurs et dans les besoins des peuples.

Aussi loin que nos regards peuvent remonter dans les siècles passés, nos annales ne nous offrent que l'affligeant tableau des guerres, et une grossière ignorance plus tristement entretenue que glorieusement compensée par de nombreux faits d'armes : bientôt l'enthousiasme religieux jette dans l'Asie cette bravoure aveugle et cruelle qui ensanglantait l'Europe. L'esprit de la Chevalerie, ses maximes féroces et galantes, ont rempli ces fictions ingénieusement folles qui brillent seules dans les temps de ténèbres et de barbarie. Les lettres et les arts, après avoir éclairé déjà presque toute l'Europe, pénètrent en France ramenées des excursions de la guerre, et la consolent de ses glorieux désastres. Le brave et malheureux rival de Charles-Quint rapporte dans son royaume le goût des sciences, seule conquête qu'il ait sauvée de l'Italie. De longs malheurs ont appelé les nations à réfléchir sur leur gouvernement; la hardiesse de la réforme invite les hommes à s'éclairer avant de les amener à se détruire; d'honorables efforts se réunissent pour déconsidérer cette science ignorante qu'on puisait dans nos écoles et qui chargeait la mémoire sans profit pour l'esprit; les savans se voient soutenus par la protection et admis à la familiarité du Prince. C'est alors que paraît cet ouvrage où l'extravagance et la bizarrerie cachent si souvent une fine critique et une excellente raison, et où Rabelais dit la vérité à ses contemporains, comme cet autre fou de son siècle donnait à François premier des leçons de politique.

Les troubles de la fronde ont jeté les hommes dans les différens partis : les femmes ont usé de leur pouvoir pour imposer des guerres civiles à leurs adorateurs. Un grave philosophe d'abord citoyen turbulent, puis courtisan agréable, se vante d'*avoir combattu les rois pour deux beaux yeux qui l'auraient mis en guerre avec le*

Ciel. Une politesse nouvelle a civilisé le courage et mêlé la galanterie dans la révolte. Les fictions, toujours soumises à l'empire des réalités , ont changé de forme et de couleurs : l'amour y règne toujours, non pas avec ses emportemens et ses faiblesses, mais calme , raisonneur, se perdant en longs discours , étudiant ses paroles, supportant toutes les épreuves avec résignation et toutes les privations avec patience ; des mains sacriléges vont même fouiller dans l'histoire pour lui emprunter ses grands hommes , qui , rapetissés dans d'énormes volumes, viennent tristement parler le langage des héros modernes.

C'est pourtant du milieu de ces folies, que s'élance le grand siècle avec toutes ses illustrations : les beaux génies se sont fait entendre ; l'oracle du goût a dépouillé ces fades usurpateurs des noms antiques. Le titre adopté par les auteurs de ces lourdes productions est tombé lui-même dans le mépris , et on n'en trouve plus aucun pour caractériser la fiction éloquente par laquelle Fénélon ferma si dignement l'âge d'or de notre littérature.

Cependant les beaux jours se passent : la gloire, le génie , l'autorité s'affaiblissent en même temps, et les esprits, occupés jusques-là aux choses du dehors, examinent curieusement les vices et les travers amenés par la civilisation, et cette corruption de la société qui succède si promptement à la barbarie. Le commerce des hommes devient l'objet de l'observation : le moraliste a tracé des portraits ; l'historien des fictions va les faire agir et parler, créera des événemens pour développer les caractères, placera ses personnages dans ces circonstances où se perdent les sentimens honnêtes ; et parcourant rapidement tous les rangs autrefois confondus dans une commune ignorance, il marquera adroitement les ridicules qu'ils se sont distribués, et que bientôt ils vont se prêter l'un à l'autre.

Bientôt les années s'accumulent et les opinions changent : le respect des choses anciennes diminue ; une philosophie inquiète demande des innovations et offre des systèmes. Les fictions, venant au secours des raisonnemens, flétriront, tantôt avec une gaieté hardie, tantôt avec une éloquence entraînante, les abus qu'on veut détruire, les préjugés qu'on veut ôter à la croyance des hommes, et orneront les idées nouvelles de toutes les séductions qui peuvent les recommander.

C'est ainsi que nous avons vu en France les fictions, présenter tour à tour des aventures héroïques, des intrigues amoureuses, l'observa-

tion des mœurs, ou les aggressions de la philosophie, et suivre toujours les besoins et les occupations des hommes, à mesure que le temps
les changeait : et pendant qu'un grave prélat (1),
plus instruit du passé qu'appréciateur du présent et prévoyant de l'avenir, appelle le roman
*une fiction amoureuse, écrite en prose avec art,
pour le plaisir et l'instruction des lecteurs,* obli-
gés que nous sommes, de renfermer sous ce
titre une foule de productions si différentes entre elles, et qui toutes ont eu la vérité pour but,
le mensonge pour moyen et le goût du siècle
pour guide, nous ne hasarderons pas une défi-
nition qui devrait réunir Pantagruel et Clélie,
Amadis et Candide, Gil Blas et Julie.

On l'a dit bien des fois ; rien d'aussi facile que
de faire lire un roman, rien d'aussi rare que
de le faire relire. Qui de nous, en effet, n'a pas
vu avec un peu de honte s'écouler les heures
et la veille se prolonger, pendant qu'il s'attachait à suivre un récit souvent fait sans art
d'aventures incroyables, d'atroces conceptions,
d'interminables amours, entraîné toujours par
une insatiable curiosité, et quelquefois même,
par l'espoir de trouver plus loin un intérêt et un
plaisir, que l'auteur avait la malice de promettre

---

* Huet, évêque d'Avranches.

jusqu'à la fin ? C'est cet amour du merveilleux ,
ce besoin de choses étranges et nouvelles , qui
faisait admirer à une femme célèbre les grands
coups d'épée de nos chevaliers, et qui attachait
au conte de Peau d'Ane toute l'attention du bon
La Fontaine. C'est aussi de cette faiblesse qu'ont
profité ces ouvrages innombrables que l'ignorance produit chaque jour pour l'amusement
de l'oisiveté, et qui, pleins de sentimens exagé-
rés, d'extravagantes passions, d'aventures ef-
frayantes, sacrifiant souvent ensemble le goût
et la morale, ne sont peut-être jamais innocens
que lorsqu'ils sont ennuyeux.

Mais si de pareilles productions destinées au
peuple (et le peuple en fait d'ouvrages d'esprit, combien n'est-il pas nombreux !) usurpent
quelquefois l'attention d'un homme éclairé, sur-
prennent sa curiosité , et dérobent quelques-uns
de ses momens, c'est à celui qui représente dans
ses fictions la nature ou la société, chez qui la
vérité se trouve animée par de savans mensonges, qu'il appartient de ramener incessamment
ses regards, et d'être élevé par son admiration à la hauteur des graves et sublimes créations
de l'esprit humain.

Si c'est donc le retour fréquent du lecteur
éclairé qui consacre le mérite et sanctionne la
gloire d'un roman, en est-il un au-dessus de

Gil Blas? Car quel livre a été lu plus souvent? L'homme frivole y trouve un récit prompt et varié d'amusantes aventures : mais l'esprit pour qui aucun plaisir n'est sans profit, aucun amusement sans observation, y puise une foule de leçons, y reconnaît une quantité de traits qu'il a marqués dans le cœur humain : chaque pas qu'il fait dans sa lecture le fait rentrer dans ses souvenirs; il rencontre dans le roman ce qu'il a vu dans la vie; il y revoit les fautes qu'il a commises la veille, que peut-être il ne saura pas éviter le lendemain, et, en parcourant cette suite de tableaux plaisans, il retrouve partout les hommes tels que la société les a faits.

Qui ne s'est pas reporté aux premières années de sa jeunesse, en voyant Gil Blas à peine sorti des bancs de l'école, tout affamé de discussions, dans cet état de confiance et d'orgueil que donnent les succès trompeurs du collége, recevant avec tant de joie les éloges d'un flatteur qui soupe à ses dépens et paie son écot par ce salutaire avis qu'il ne doit pas se croire la huitième merveille du monde? Jeunes vanités que l'on séduit toujours avec des louanges, c'est à vous que s'adresse la première leçon de Gil Blas.

Le théâtre, si riche en petits maîtres, en offret-il qui soient au-dessus de ces jeunes seigneurs empruntant leurs revenus à leurs intendans, et se jouant avec mépris de l'opulent roturier qui prétend s'ennoblir par la maladroite imitation de leurs vices?

Conduit par les petits-maîtres chez les comédiennes, avec quelle vérité Gil Blas nous représente des ridicules moins connus, mais que le juste ressentiment des auteurs a depuis long-temps livrés au public, l'arrogance des comédiens, leurs intrigues, leur insolente familiarité avec les grands, leur sot orgueil avec les écrivains qui réclament humblement le droit de les rendre riches et célèbres?

On sait que les gens de lettres ne se sont jamais refusés à la satire de leurs ridicules, et qu'aucune profession peut-être n'a fait chez elle une police aussi sévère. Gil Blas nous montre leurs basses jalousies, la grossièreté de leurs querelles, l'impertinent usage qu'ils font de la faveur des grands, et cette adoration exclusive qui les prosterne devant leurs ouvrages.

Mais cette tendresse des auteurs pour leurs productions, c'est surtout dans un saint prélat, dans un homme austère et religieux, dont le cœur se partage entre Dieu et ses homélies, qu'il la rend plaisante et comique. Avec quelle adresse l'archevêque orateur présente un piége à la bonne foi de son secrétaire en l'intéressant lui-même à la conservation de sa gloire! quel ami ne s'y serait pas trompé? Quel écrivain n'eût pas reçu de même un pareil avertissement?

Suivez Gil Blas, partout où le jette l'inconstance de sa fortune, dans toutes ces familles où l'introduit cet état si favorable à l'observation des mœurs, qui voit les hommes sans masque et sans parure, et les comédiens du monde hors de la scène; partout vous vous retrouvez avec des ridicules qui vous sont connus, des travers dont vous avez souffert peut-être, des faiblesses auxquelles vous avez cédé vous-même. Combien d'événemens naturels, que d'intentions morales, quelle foule de caractères parsemés dans le récit, vous ramènent à la vérité, lors même que l'imagination de Lesage semble s'abandonner à la création des aventures! Ce riche seigneur qui voit son indolence si impudemment exploitée par la friponnerie de ses valets, et qui n'a pas même la force d'être reconnaissant pour le fidèle serviteur dont les soins retardent sa ruine; cet auteur élevé à l'amitié des grands, et qui reproche à son neveu de vouloir sortir de la condition où il était né lui-même; ce licencié qui retrouvant son bienfaiteur disgracié par l'homme puissant dont celui-ci lui a procuré la faveur, retire si brusquement les offres de sa reconnaissance; ce vieil officier portant inutilement à la cour les restes d'un corps mutilé, et obtenant enfin le prix de ses services par la protection d'un valet dont sa misère l'a séparé ; cette femme tenant bureau d'esprit, s'élevant aux graves calculs de la philosophie , et demandant aux cartes les secrets de l'avenir ; cet interrogatoire d'un accusé dont l'innocence n'échappera pas à une interprétation menaçante , énergique satire de toutes les inquisitions ; tous ces tableaux dureront autant que les vérités qu'ils nous retracent ; il suffira d'y changer quelques mots pour en appliquer la ressemblance. L'ingratitude du licencié se retrouvera chez un commis, et peut-être ne chercherons-nous pas hors des tems que nous avons vus, quand si souvent la passion a demandé des coupables et l'intérêt des factions à dicté les sentences, l'art perfide et meurtrier de l'inquisiteur.

Je craindrais de paraître appeler les souvenirs du lecteur au secours de ma faiblesse , en nommant ces personnages que Gil Blas fait passer en foule devant nos yeux, et qui nous sont devenus familiers ; cet excellent Fabrice, si content du présent , si insouciant de l'avenir, cédant à la démangeaison d'écrire et jugeant si naïvement ses ouvrages, jouissant de la faveur des grands sans la regretter quand il l'a perdue , incapable de souffrir les mépris d'un ami parvenu, et mourant à l'hôpital en disant qu'il a fait son chemin; ce bon Scipion, d'abord fripon, puis intrigant, et devenu enfin le plus dévoué des valets; et ce docteur Sangrado, tout plein des ridicules d'un art dont on se moque souvent et que l'on consulte toujours, portant dans son système tout l'entêtement de la bonne foi et toute la franchise de la crédulité... Mais un tableau plus important appelle nos regards.

Gil Blas devient secrétaire d'un ministre : ce n'est pas une volonté décidée de parvenir, une ambition ferme et entreprenante, qui vont l'élever aux faveurs. Ce sera l'occasion, le caprice d'un grand, le talent assez précieux, il est vrai, de donner un air de cour à quelques calomnies grossièrement esquissées par la rudesse provinciale. L'amitié du ministre lui attire déjà les respects et l'envie : la misère le ramène un instant à sentir la vanité de la faveur; mais son adresse a réussi : les grâces, les emplois, les récompenses deviennent l'objet d'un trafic dont le ministre partage le prix. Etonné de son crédit, égaré par la flatterie, un nouvel honneur vient mettre le comble à son ivresse : il reçoit le caducée, et se voit appelé à servir dans ses amours l'héritier de la monarchie. Dès-lors plus d'obstacles à sa grandeur, plus de bornes à ses desirs, plus de mesure dans sa folie; il repousse ses parens; un ami qui a besoin de lui éprouve ses refus; un ami qui ne lui demande rien l'importune de son indépendance; il s'oublie lui-même , il croit à son mérite; déjà il sait manquer à sa parole, vendre à un étranger ce qu'il a promis à un bienfaiteur! Un événement imprévu sauvera ce qui lui reste de sentimens honnêtes : une disgrâce va le rendre à la raison et à la vertu.

O vous, que nous avons vus passer si rapidement par la faveur, dont le crédit a vécu à peine la durée d'un ministère, réformés de toutes les disgrâces, dites-le nous, Lesage est-il un peintre fidèle? Avez-vous toujours été désignés par le talent à la confiance du pouvoir? vous êtes-vous montrés fidèles aux anciennes affections et sincères dans les nouvelles? la flatterie vous a-t-elle trouvés incrédules? la grandeur ne vous a-t-elle jamais vus complaisans? Exilés des emplois, avez-vous abdiqué l'ambition? N'êtes-vous pas sortis de la faveur plus mécontens que corrigés, et votre ardent amour pour la liberté a-t-il toujours été pur des regrets de votre ancienne servitude? Et maintenant que vous pouvez parler franchement des ministres sous qui vous étiez humbles et par qui vous étiez superbes, apprenez-nous si leur cabinet ne s'est jamais ouvert qu'aux grandes occupations des intérêts publics? si vos entretiens avec eux ont toujours eu pour objet le bien de l'État; si des motifs frivoles, de petites intrigues, d'obscures jalousies, d'inexplicables caprices, n'ont pas quelquefois dirigé des actions dans lesquelles la curiosité publique cherchait et plaçait même souvent de grandes vues et de profonds calculs? Vous surtout qui, sauvant votre crédit de toutes les disgrâces et placés toujours au-dessous des ressentimens, passez avec l'autorité dans les mains de tous les ministres, comme pour observer à votre aise les effets des révolutions, et livrer à quelque Lesage les secrets des courtisans, dites-nous s'il est vrai que les haines des ambitieux se déclarent aux yeux clairvoyans par des protestations de tendresse, et si les embrassemens des ennemis sont, comme les froideurs de l'amitié, les avant-coureurs certains des revers; s'il est vrai qu'un ministre sacrifie quelquefois à l'intérêt de sa puissance l'imprudent subalterne qui s'est exposé pour lui; et si l'affection des grands est moins sujette que celle des petits à déserter les malheureux? Ah! si, dans le secret de votre conscience, vous reconnaissez la vérité de toutes ces observations, unissez-vous à nous pour louer l'écrivain qui nous a donné de si salutaires leçons et de si sages défiances, et laissez-nous chercher dans le cœur humain les faiblesses qui les ont rendues inutiles.

On a reproché à Lesage de n'avoir donné aucun caractère au principal personnage de son roman, et il me semble qu'on doit au contraire l'en remercier. N'est-ce pas ainsi en effet que sont presque tous les hommes, poussés toujours par les événemens, jouets du hasard, instrumens ou victimes des passions étrangères, et donnant tour à tour les impulsions qu'ils reçoivent? En cherchant comment se sont élevés ceux qui brillent au faîte des grandeurs, ne voyons-nous pas qu'ils y ont été jetés, mais qu'ils n'y sont pas parvenus; que, transportés par une puissance inconnue d'eux-mêmes, ils ont été souvent avertis de leur mérite par les respects et l'admiration dont on les entoure? Si parfois il se trouve quelques génies supérieurs qui commandent aux choses, gouvernent les hommes, ne reconnaissent pas l'empire de la fortune, et prennent dans une volonté ferme les moyens de tout soumettre aux passions qui les entraînent eux-mêmes, les choisir pour sujets de ses tableaux, ce serait renoncer à peindre la société, ce serait imiter l'historien de la nature, qui, négligeant la constante uniformité de ses productions, ne voudrait représenter que ses prodiges et ses étranges créations.

Voilà ce qu'a bien senti Lesage. Gil Blas est ce que nous serions peut-être tous, si, au lieu de traverser paisiblement la vie sans bruit et sans secousse, nous étions, comme lui, destinés aux aventures nombreuses et aux brusques changemens du sort; sans prévoyance des succès, sans préparation contre les revers, et trop heureux de sauver au moins la probité de ces épreuves.

C'est encore en portant dans le cœur humain cette investigation éclairée, que Lesage apprenait qu'aucun homme n'est entièrement méchant, comme aucun n'est tout à fait vertueux; qu'entraînés dans les actions coupables par les impressions d'une éducation vicieuse, par l'imitation des mauvais exemples, par la séduction des intérêts, par la nécessité des positions difficiles, nous y portons toujours quelques débris de vertu qui continuent à agir sur notre volonté. Ainsi, fait-il paraître deux hommes doués d'un rare talent pour s'approprier le bien d'autrui, ils exposeront gaîment leur vie en sauvant celle d'un inconnu. L'honnête Scipion termine par une éclatante fidélité une vie commencée par des friponneries; et Gil Blas lui-même, au moment où l'ivresse de son crédit lui fait perdre la mémoire, négliger ses parens, repousser ses amis, trouve encore un moment de reconnaissance pour ses bienfaiteurs. Un peu de vanité entre peut-être dans cette inspiration; mais avons-nous le droit de blâmer la vanité qui produit des actions louables? Partout donc, à côté de cette vérité trop cruelle que l'homme est toujours exposé à faillir, Lesage place cette idée consolante qu'il n'est pas d'erreur d'où le retour au bien soit impossible. L'idée qu'il nous donne des hommes n'est ni orgueilleuse ni décourageante, et il nous préserve ainsi de désespérer de nous et de craindre toujours les autres.

Cette morale douce et rassurante, cette observation si vraie, ces peintures si simples et si franches où jamais l'effet ne coûte rien à la vérité; ces caractères qui nous sont familiers et qui nous paraissent de notre taille; ces erreurs, ces travers, ces défauts que nous voyons chez nos voisins, que nous soupçonnons peut-être en nous; voilà ce qui nous rend éternellement chère et attachante la lecture de Gil Blas. Nous aimons à l'écouter, racontant avec son admirable naïveté ce qu'il a fait, ce qu'il a senti; on s'affectionne à lui malgré ses torts. Il semble entendre la conversation d'un homme qui a beaucoup vu, et qui, éloigné par l'âge ou par la raison du tourbillon des affaires, nous raconte dans sa retraite ses dangers et ses naufrages : c'est plus qu'un livre, enfin, c'est presque un ami.

Si ce charme est dû au moraliste enjoué, au philosophe aimable et consolateur, à l'observateur fin et vrai, au peintre délicat et naturel, ne devons-nous pas aussi en attribuer une part à l'écrivain ? Une diction pure et facile , un langage toujours convenable à ceux qu'il fait parler, où l'affectation ne se glisse jamais , où la rapidité du récit ne se trouve nulle part embarrassée par la gêne des paroles ; tel est le style de Lesage ; et, sans qu'il cherche jamais l'esprit, comme il se présente à chaque pas ! Que de traits amenés sans prétention et sans travail, tellement placés dans le discours, qu'ils semblent être prévus et demandés par le lecteur , et qu'il s'apercevrait de leur absence !

Voilà ce qui resterait encore à notre Lesage, lors même qu'une maladroite jalousie aurait réussi à revendiquer pour un écrivain d'une nation voisine, l'invention des événemens et des caractères. Mais grâces soient rendues à celui de nos compatriotes * dont la plume éloquente à voulu assurer à la France la propriété d'un chef-d'œuvre auquel il ne manquait plus , après avoir été admiré dans la patrie de Fielding et de Richardson, que de nous être disputé par celle de Cervantes.

J'ai nommé trois écrivains qui se sont illustrés par des romans, et je n'essayerai pas de réclamer pour Lesage une préférence que le mé-

____
* M. François de Neufchateau.

rite de ses rivaux et la diversité de leurs productions abandonnent peut-être au choix des lecteurs, mais qui ne paraîtrait certainement injuste
que dans son panégyriste. Cervantes, s'attachant
à la peinture d'une folie dont l'objet est depuis
long-temps hors de nos habitudes, avait besoin
de cette gaîté naïve, de ce langage toujours naturel et comique, de cette admirable fécondité
de créations amusantes, pour donner à son ouvrage l'immortalité que lui refusait son sujet.

Richardson avait conçu un plan vaste et fer-
tile. Toutes les séductions, tous les piéges, tous
les artifices entourant l'innocence d'une jeune
fille ; mais l'inutile emploi de tant de ressources,
de tant de complices ; la prodigieuse obstina-
tion de l'aggresseur, la non moins étonnante
fermeté de la résistance ; toutes ces situations
grandes, variées, attachantes, mais cherchées,
il faut le dire, hors du cercle ordinaire des
mœurs, donnaient au romancier le mérite d'une
large et brillante imagination plutôt que celui
d'une observation sage et profonde. C'est donc
surtout par l'admirable variété du style vif, lé-
ger, plein de feu et d'entraînement chez Love-
lace, grave, sérieux et penseur chez Clarisse,
pétillant de saillies et d'esprit chez son amie, que
Richardson a mérité sa gloire ; et c'est dans un
écrivain du dernier siècle, qui lui paya par une

admiration peut-être excessive le droit de l'imiter souvent, que nous devons lui chercher un rival.

Fielding seul peut être comparé à Lesage ; comme lui, c'est dans la nature, dans les capacités ordinaires de l'homme qu'il a cherché ses portraits. C'est sur le modèle et sur les proportions de ceux au milieu de qui il vivait, qu'il a formé ses personnages. Un jeune homme bouillant, plein d'une ardeur tendre et fière, mais dont les passions débordent, en attendant que l'âge vienne les réduire en sentimens nobles et généreux, est mis en contraste avec un tempérament sérieux et triste qui trouve dans sa froideur le moyen de calculer le vice et de lui prêter les dehors de la vertu. Toutes les actions emportées de Tom-Jones devenant contre lui des sujets d'accusation et des apparences de crime ; sa joie au retour de la santé de son bienfaiteur s'échappant en transports qui doivent sembler coupables, tandis que l'espoir de son rival, trompé par cet événement, se plie aisément en protestations de tendresse ; les imprudences d'un cœur sans défiance et sans crainte opposées partout à l'hypocrisie d'un caractère adroit et insinuant ; voilà ce que Fielding a tracé avec une richesse de couleurs où rien cependant n'est exagéré. Tom - Jones est plus raisonneur que Gil Blas, et il semble que la forme même

du récit se prête à cette différence. Là c'est Fielding qui raconte , et trop souvent peut-être il
pense pour son lecteur et lui fournit ses ré-
flexions : Gil Blas au contraire nous laisse toujours le plaisir et la gloire de penser par nous-
mêmes ; il ne nous donne que les événemens ,
et les abandonne à nos méditations : sa narration
est plus rapide et plus entraînante , et nulle part
la curiosité ne trouve d'embarras en son chemin. L'avantage de la régularité appartient à l'An-
glais ; son plan est suivi ; ses aventures sont en-
chaînées ; c'est un voyage bien conduit avec des
accidens sur la route. Le Français , au contraire ,
mène son lecteur au hasard ; il semble prendre
dans sa cou rs les événemens comme ils se pré-
sentent, oublier le passé, ne pas préparer l'avenir ; mais le présent amuse toujours. La gaîté de
Fielding est plus mordante et plus satirique ; celle
de Lesage est plus franche et plus naturelle. L'une
est le meilleur modèle de cet esprit que l'Angle-
terre semble s'être approprié en lui donnant un
nom que notre langue se refuse à traduire * :
l'autre est cette délicatesse de plaisanterie que
nous pourrions aussi réclamer pour notre pays.
Les talens de l'un et de l'autre, le goût de leurs
nations ont pu mettre quelque différence dans

* *The humour.*

leurs ouvrages ; mais tous deux ont puisé à là même source, se sont instruits des mêmes leçons. C'est par là que l'un et l'autre, égalant la gloire du roman à celle des plus belles productions de l'esprit, ont mérité d'être placés à côté des deux génies qui, dans la patrie de chacun d'eux, ont connu le mieux le cœur humain; Shakspeare et Molière

Après avoir parlé de Gil Blas, je ne rappelle-rai pas, pour donner à Lesage le mérite d'une fécondité devenue trop commune, des ouvrages dont plusieurs sans doute auraient suffi à la réputation d'un autre, dont quelques-uns peut-être font regretter qu'il n'ait pas écouté en vieil-lissant les conseils d'un zélé secrétaire, ou qu'il ait trop imité les faiblesses dont il s'est si bien moqué. Le Diable Boîteux, qui pouvait annon-cer Gil Blas, le Bachelier de Salamanque qui le rappelle quelquefois, l'accompagneront dans la postérité ; Guzman d'Alfarache nous fournira long-temps le délassement d'une lecture amu-sante. D'autres ouvrages sont déjà oubliés, ou ne renaissent que pour consoler ceux qui aiment à surprendre les grands écrivains dans leur som-meil. Les uns n'ajouteront rien peut-être ; les autres n'ôteront certainement rien à la gloire de celui qui nous a laissé Gil Blas et Turcaret.

On aime à connaître la vie de ceux dont on

admire les écrits ; on veut savoir si l'homme qui
a su peindre les faiblesses et les travers de l'hu-
manité, n'a jamais ou démenti ses principes ou
trop réalisé ses observations. On se demande si
l'écrivain d'une douce et aimable philosophie, a
vécu bon et heureux ; s'il a joui de ce repos que
la vertu n'obtient pas toujours et qui manque
souvent au talent. Un siècle n'a pas encore cou-
vert la cendre de Lesage, et ce temps, qui a suffi
pour immortaliser ses ouvrages, nous a ôté les
souvenirs de sa vie. On ne sait pas de quels cer-
cles il faisait les délices, quels grands se sont
honorés de son amitié. Aucun recueil de ses
lettres, consacrant à la postérité l'occupation
de ses journées, ne nous apprend avec quelle
familiarité il parlait aux hommes puissans : les
actes vertueux de sa vie ne sont pas modeste-
ment éternisés par de pompeux remercîmens ;
lui-même, dans aucune préface, ne nous dit avec
une orgueilleuse humilité le nom de ses protecteurs, la liste de ses affections, ses débats avec
ses contemporains, et les glorieuses inimitiés
qu'il a pu encourir ; toutes ces confidences enfin, dans lesquelles tant d'auteurs nous ont depuis long-temps initiés, sont vainement cherchées par notre juste curiosité. Ses écrits, voilà
ce que nous connaissons de sa vie. Tout ce qu'on
a pu sauver de l'oubli, c'est une anecdote qu'il

n'aurait sans doute pas voulu léguer à l'histoire:
on sait qu'appelé un jour à lire dans un cercle
son Turcaret, il repoussa des dédains qui lui
promettaient une protection puissante avec cette
rustique fierté de l'homme de lettres dont nos
auteurs se sont depuis long-temps corrigés. Voilà
tout ce qu'on nous a conservé des actions d'un
homme dont on ne peut mieux terminer l'éloge
qu'en disant qu'il a traversé la vie sans scandale, et qu'il a brillé dans la littérature sans ennemis.

Hélas! il n'aurait pu prétendre à ce bonheur
dans les temps où nous vivons. Un pouvoir bien
plus redoutable au génie, plus cruellement des-
tructeur de sa noble indépendance que n'ont
jamais pu l'être, et les menaces de l'autorité, et
les cabales des hommes en crédit, et, j'oserai
le dire, les fougueux anathèmes de la dévotion,
gêne sa liberté, commande à ses inspirations,
lui impose des lois et lui dicte des opinions.
Avide de disputes et affamé de scandale, l'esprit
de parti est là, qui, refusant au talent le privilége de la neutralité, s'empare de ses ouvrages,
fouille ses intentions pour le déshonorer par de
flétrissans éloges ou le déchirer par l'injure, prêt
à transformer l'amour de l'ordre en servitude,
et les pensées généreuses en esprit de révolte et
de sédition : les ridicules et les vices semblent

eux-mêmes partagés en deux classes, auxquelles il est interdit de toucher sans appeler la haine et la vengeance des partis qui les protégent.

Espérons-le toutefois : nous verrons s'adoucir cette première roideur des discussions politiques à mesure que le temps éteindra des intérêts qui se déguisent sous le titre d'opinions; et il sera bientôt permis au moraliste, à l'écrivain placé hors des factions, qui ne demande pas ses succès aux passions du jour, à l'ami de la vérité et de la vertu qui veut une gloire durable, digne de recevoir la sanction de la postérité, de chercher dans tous les rangs, dans tous les partis, les égaremens, les travers et les folies.

Quelle riche moisson va se présenter alors à ses regards! que d'hommes, épargnés aujourd'hui par l'indulgente fraternité des opinions, paraîtront devant ceux qui les ont applaudis, dans toute la difformité du vice ou avec toute la laideur du ridicule! Que d'hypocrisies découvertes, combien d'ambitions démasquées! Et comme nous aurons à rire nous-mêmes de notre admiration, quand nous pourrons une fois voir et juger ceux qui se remuent avec bruit sur la scène du Monde; ces amis si zélés des libertés qu'ils n'ont plus le pouvoir d'asservir; ces contempteurs hautains des idées qu'ils auraient partagées autrefois, partisans des innovations par routine, et incrédules par tradition; ces défenseurs généreux de l'ordre où ils sont si commodément placés; ces hommes qui ont si fidèlement suivi le pouvoir dans toutes les mains où la fortune l'a jeté; ces prédicateurs passionnés de la morale ou de l'indépendance, qui se sont appris à ce noble emploi dans la dissolution ou dans la servitude; ces petits hommes d'État improvisés par le caprice d'un ministre, et tout surpris qu'on puisse gouverner un empire sans les avoir pour commis; ces pacifiques admirateurs des exploits militaires; ces philosophes dédaigneux des vieilles illustrations qui méprisent la gloire des ancêtres et laissent des titres à leurs descendans; ces heureux héritiers des emplois de leurs protecteurs, qui échangent si brusquement l'humilité contre l'orgueil; ces amis de l'égalité qui sortent de leurs châteaux pour gémir sur les misères des peuples; ces vétérans des emplois publics qui, enrichis par les abus, demandent à grands cris des réformes : quels sujets pour un Molière, pour un Lesage!

Vous à qui la nature a confié le don d'observer et le talent de peindre; vous surtout qui pouvez contempler le spectacle de notre époque sans y porter les ressentimens des desirs trompés ou les complaisances des desirs à satisfaire, examinez curieusement ce qui se passe autour de vous : voyez ces ambitions qui s'agitent, ces prétentions qui se dressent, ces vanités qui se gonflent ; suivez dans tous les rangs de la société ce mouvement universel qui jette les hommes hors de leurs conditions et refuse des successeurs à nos pères ; ces prétendues vocations qui peuplent chaque jour notre patrie de méchans écrivains et de brouillons politiques ; cette sécheresse d'égoïsme qui, trouvant des illusions dans tous les sentimens et des préjugés dans tous les devoirs, brise les liens de la famille et calcule les profits de l'amitié ; remarquez comment les révolutions, en passant sur les mœurs, ont habillé les vices et les passions d'une forme nouvelle, occupé nos folies d'autres objets, déplacé les ridicules, changé des financiers en penseurs, des magistrats en courtisans, des gens de lettres en commis, des hommes de cour en tribuns, et des étourdis en pédans : observateurs des mœurs, voilà votre patrimoine ; il est vaste, il est fécond, et nous aurons soin de le rendre inépuisable.

FIN.

www.ingramcontent.com/pod-product-compliance
Lightning Source LLC
Chambersburg PA
CBHW061113050726

47594CB00005B/1915